AF268037

# NOTICE GÉNÉALOGIQUE

DE LA

# Famille Binétruy

## ET DE SES COLLATÉRAUX

PAR

## L'ABBÉ P. BINÉTRUY

Curé de GLAMONDANS

Prix : UN Franc

*Mementote præpositorum vestrorum.*
*Souvenez-vous de vos ancêtres.*
(HEBR.. XIII, 7.)

BESANÇON

IMPRIMERIE BOSSANNE

1907

PORTRAIT DE L'AUTEUR

# NOTICE GÉNÉALOGIQUE

## DE LA

# Famille Binétruy

## ET DE SES COLLATÉRAUX

PAR

## L'Abbé P. BINÉTRUY

Curé de Glamondans

---

## Prix : UN Franc

---

*Mementote præpositorum vestrorum.*
*Souvenez-vous de vos ancêtres.*
(Hebr. XIII, 7.)

BESANÇON

IMPRIMERIE BOSSANNE

—

1907

# AVANT-PROPOS

Cette notice généalogique, que je dédie aux membres de ma nombreuse parenté, renferme tous les renseignements qu'il m'a été possible de recueillir. C'est le résultat de seize années de laborieuses recherches. J'ai dû, pour cela, compulser les archives d'une vingtaine de paroisses de nos montagnes, et recourir à la bienveillance d'un grand nombre de mes confrères et d'un certain nombre de mes parents, à qui j'exprime ici toute ma reconnaissance.

Les frais d'impression de cette notice ont été couverts par souscriptions. Voici les noms des souscripteurs :

MM. Jules Receveur . . . . . . . . . . 2 fr.
    Constant Binétruy, d'Adon . . . . . 2 »
    Constant Trimaille . . . . . . . 3 »
    François Feuvrier. . . . . . . . 5 »
    Urbain Jacquin. . . . . . . . . 5 »
    Pagnot, frères et sœur . . . . . . 5 »
    Léon Brisebard . . . . . . . . 5 »
    Emile Binétruy. . . . . . . . . 5 »
Plusieurs dames de Dijon (par l'entremise de
    sœur Marie-Euphrosine Binétruy) . . 10 »
MM. Edmond Binétruy. . . . . . . . 6 »
    Aimé Binétruy. . . . . . . . . 60 »

P. B.

*Glamondans, le 1er janvier 1907.*

# PROLOGUE

Vers 1660, André Binétruy, cultivateur à la ferme « Les Veuves », commune de Villers-le-Lac (Doubs), épousa Marguerite Jacoutot.

Cet André avait plusieurs frères. L'un d'eux, **Philomen-Louis Binétruy**, était prêtre et curé de Bonnétage, où il mourut en l'an 1696. (Archives de Bonnétage.)

Un autre frère d'André, **Claude Binétruy**, alla en Espagne vers 1650, y fit rapidement une fortune considérable, et épousa Demoiselle Isabelle du Coral Pignerol.

Parvenu à un âge avancé, et n'ayant pas d'enfants, « il forma avec son épouse le pieux projet de construire une église au village des Bassots, près de Villers-le Lac, et d'y attacher les revenus suffisants pour rétribuer un chapelain et deux maîtres d'école, l'un aux Bassots et l'autre au Villers. »

Ils exécutèrent leur dessein en l'an 1686.

La chapelle fut construite sous le vocable de saint Joseph. Par acte reçu de Garcia de Lozans, notaire à Madrid, le 28 août 1690, les pieux fondateurs dotèrent cette chapelle « de revenus suffisants tant pour l'entretien dudit chapelain que pour celui desdits maîtres d'école. »

Plus tard, Claude Binétruy, « devenu veuf, fit donation de ses biens à son parent **Jean-Guillaume Binétruy**. »

Quel était ce Jean Guillaume ? Etait-ce un frère de Claude, ou bien était-ce le fils aîné d'André ? C'est un problème difficile à élucider, parce que l'acte de donation le désigne simplement sous le nom de « parent. »

Voici cet acte :

« Par acte du 7 juin 1699, reçu de Christophe de Cordenai,
« notaire à Madrid, Claude Binétruy, devenu veuf, fait do-
« nation entre vifs en faveur de Jean-Guillaume Binétruy,
« son parent, de tous susdits biens présents et à venir, à
« condition que ce dernier fonderait une substitution perpé-
« tuelle de tous susdits biens, pour la conservation et per-
« pétuelle observation desdites œuvres pies, et que lesdits
« biens de la substitution servent à jamais de caution à la
« fondation. »

— 6 —

Au moment de la Révolution de 1793, la maison, servant de cure au chapelain, fut vendue comme bien national, ainsi qu'un pré et un canton de bois, qui appartenaient à la substitution.

Plus tard, la municipalité du Lac voulut réclamer aux héritiers du fondateur, détenteurs des biens de la substitution, le salaire des maîtres d'école du Villers et des Bassots. Mais cette réclamation n'eut aucun effet. De sorte qu'actuellement, il ne reste de ce bénéfice que la chapelle dénuée de tous revenus. (1)

Voici l'inscription qu'on lit sur le mur intérieur de ce sanctuaire :

« En l'an 1685, nous Claude Binétruy, les Veuves, et Isa-
« belle Ducoral de Pigneiro, mari et femme, fîmes construire
« cette église et maison annexée à icelle, et fondâmes une
« chapelainie perpétuelle, avec obligation de 108 messes par
« chaque année à notre intention, avec une rente perpétuelle
« pour un maître d'école, qui sera obligé d'enseigner les
« enfants des Bassots et ceux de son district et dépendances
« pieusement et religieusement, comme il est spécifié plus
« aú long au titre de notre fondation. »

Sur une dalle du sanctuaire, on lit cette autre inscription en latin :

« *Hic jacet D<sup>nus</sup> Claudius Carolus Binétruy, hujus (ecclesiæ) secundus capellanus et patronus. Anno periodi julianæ 6484. — Dieu soit loué ! — Hic expecto vitam venturi sæculi. Amen.*

*Obiit anno 1782, die 17 7<sup>bris</sup>.* »

Voici la traduction de cette inscription :

Ici repose M. Charles-Claude Binétruy, second chapelain et patron de cette église, en l'an 6484 de la période julienne. Dieu soit loué ! J'attends ici la vie du siècle à venir. Ainsi soit-il.

Il mourut le 17 septembre de l'an 1782.

.   .   .   .   .   .   .   .   .   .   .   .   .   .   .   .   .   .   .   .   .   .   .   .

Suivons maintenant la famille d'André Binétruy dans ses développements jusqu'à nos jours.

(1) Tous ces renseignements ont été puisés dans les archives de Villers-le-Lac.

# CHAPITRE PREMIER

## FAMILLE D'ANDRÉ BINÉTRUY

D'où venait cet André Binétruy, que nous trouvons vers le milieu du XVII<sup>e</sup> siècle, à la ferme « des Veuves »? C'est ce qu'il nous a été impossible de découvrir dans les archives de Villers-le-Lac.

D'après une tradition, qui ne paraît pas sans fondement, à la fin de la guerre des Suédois, un officier des troupes de Bernard de Weimar, nommé Binétruy, aurait quitté l'armée et se serait établi au Villers. André serait un de ses enfants.

Quoi qu'il en soit, André épousa, comme nous l'avons dit, Marguerite Jacoutot. De ce mariage naquirent cinq enfants, savoir :

BINÉTRUY

JEAN-GUILLAUME, né le 17 mars 1664 ;
CATHERINE, née le 25 octobre 1666 ;
JEAN-BAPTISTE, né le 11 septembre 1668 ;
PIERRE, né le 5 avril 1674 ;
CLAUDE-IGNACE, né le 15 juin 1677 ;

Le premier de ces enfants, Jean-Guillaume, eut pour parrain son oncle Jean-Guillaume Binétruy. De même, la seconde, Catherine, eut comme marraine sa tante Catherine Binétruy. D'où l'on conclut qu'André avait au moins quatre frères et sœurs, les deux dont nous avons parlé en commençant et les deux dont il vient d'être question.

## § I<sup>er</sup>

**Jean-Guillaume Binétruy**, l'aîné des enfants d'André,

épousa Gertrude Cuenot et en eut quatre fils : Gaspard, Claude-Nicolas, Pierre-Benoît et Claude-Charles.

Gaspard, né au Villers le 27 juin 1698, devint avocat au Parlement de Besançon. Il mourut le 22 avril 1733 et fut inhumé au Petit-Saint-Jean.

Claude-Nicolas, né le 12 février 1701, fut religieux bénédictin. Il mourut jeune encore, car d'après un titre déposé dans les archives du Villers, on constate qu'en 1729, il était « décédé ».

Pierre-Benoit, né le 6 janvier 1703, fut prêtre séculier.

Claude-Charles, né le 9 décembre 1704, fut prêtre et chapelain de l'église des Bassots. Il mourut le 17 septembre 1782 et fut enterré dans la chapelle. (V. Archives de Villers-le-Lac).

### § II

Nous n'avons pas pu trouver ce que sont devenus Catherine et Jean-Baptiste.

### § III

**Pierre Binétruy**, le quatrième enfant d'André, épousa, vers l'an 1712, Jeanne-Claude Dupont. Il en eut trois enfants :

Dèle-Joseph, né le 2 juillet 1714 ;

François-Joseph, né le 8 décembre 1715 ;

François-Xavier, né le 18 janvier 1718.

On ne sait pas ce que sont devenus Dèle-Joseph et François-Xavier. Se sont ils mariés? Sont-ils les ancêtres des familles Binétruy de Charquemont, de Loray, de Mazerolles ou d'ailleurs? Nous n'avons pas pu nous en rendre compte.

Quant à François-Joseph, il épousa Marie-Angélique Guillemin, de Plaimbois-du-Miroir, et en eut une fille, Thérèse-Mélanie, qui naquit le 5 juin 1759.

Nous croyons, sans pouvoir l'affirmer, que ce François-Joseph eut plusieurs autres enfants, entre autres :

JEANNE-ETIENNETTE BINÉTRUY, qui épousa Germain Bonnot, du Russey, et qui mourut à Rosureux, en 1823, à l'âge de 76 ans ;

MARIE-ANNE BINÉTRUY, qui épousa Jean-Claude Monnin, et qui mourut au Luhier le 13 février 1818.

## § IV

**Claude-Ignace Binétruy**, le plus jeune des enfants d'André, épousa Marie Régnier, du Vaudez, et se fixa à Charquemont, où il eut deux enfants (1) :

CLAUDE-ANTOINE, né le 15 novembre 1716;

ETIENNE-FRANÇOIS, né le 12 mars 1719.

Nous parlerons de Claude-Antoine dans le chapitre suivant. Disons d'abord ce que devint Etienne-François.

Bien que n'ayant qu'une fortune très modeste, son père, voyant son goût pour la piété, consentit à lui faire faire ses études au collège de Grandvelle, à Besançon. Etienne-François entra ensuite au Grand Séminaire et devint prêtre. Il fut plus tard nommé curé de Blamont avec le titre de doyen d'Ajoie.

Voici ce qu'en dit M. Lesmann, curé actuel de Blamont, dans une lettre qu'il nous a adressée le 4 juillet 1902 :

M. Binétruy succéda, comme curé de Blamont, je ne sais en quelle année, à M. Dubief, de Vuillafans.

On le caractérise sous le titre de doyen d'Ajoie et d'homme de tête, et on dit qu'il mourut dans l'émigration. Je le vois figurer comme bénissant, le 10 novembre 1766, la nouvelle église de Glay, avec la délégation du cardinal de Choiseul, archevêque de Besançon. Le 20 mars 1791, il est dénoncé comme prêtre réfractaire. . Le 26 août 1792, il est compris dans le décret de déportation contre les ecclésiastiques réfractaires.

---

(1) En eut-il d'autres ? Nous l'ignorons.

Voici ce que Sauzay en dit lui-même dans son *Histoire de la persécution révolutionnaire* :

La tolérance, ou pour mieux dire, la complicité des communes et du district de Blamont à l'égard des serments irrégulièrement prêtés par le clergé, était tellement conforme à l'esprit public du pays, qu'il ne se trouva dans tout le district que trois habitants obscurs de Blamont pour la dénoncer au département; encore ne le firent-ils qu'à l'instigation d'un mauvais religieux, nommé Leclerc, que le couvent des Capucins de Belfort venait de rendre à la liberté.

Le 28 mars 1791, ils signèrent avec lui la lettre suivante :

Puisque l'Assemblée nationale a ordonné à tous les curés de faire le serment civique, qui les consacre au patriotisme français, il est d'une nécessité absolue que ceux qui ne l'ont pas fait ou mal fait, soient *ipso facto* déchus de leurs fonctions et qu'il soit procédé à leur remplacement. L'intérêt de la nation, celui des consciences, le demandent surtout dans le temps pascal que (*sic*) nous allons entrer, où le refus des sacrements et les insinuations dangereuses se manifesteront plus que jamais, sur l'espérance que les membres du clergé, rebelles à la Constitution, attendent d'une contre-révolution. Le sieur Binétruy, curé de Blamont, ayant déjà manifesté plusieurs fois ses intentions à ce sujet par ses propos contre l'Assemblée, le refus d'annoncer au prône ses décrets, celui de chanter le *Te Deum* au serment général du 14 juillet, la persuasion à tout le monde que la religion va être abolie et la difficulté de recevoir à confesse les vrais patriotes, comme cela est arrivé ces jours derniers... Toutes ces choses laissent aux bons citoyens des craintes pour l'avenir. La municipalité doit être responsable du prétendu serment que le curé a fait le 6 février. Cette municipalité présente, excepté le maire qui a jugé à propos de se trouver malade, a signé, à la persuasion de deux ou trois partisans du curé, un procès-verbal adressé au district, que le serment avait été fait selon les règles. Comme les propos et démarches du curé démentent la vérité de ce serment approuvé, les patriotes soussignés dénoncent le curé de Blamont et désirent pour le bien général son remplacement. (Tome I<sup>er</sup>, p. 539).

L'ex-capucin Leclerc, qui briguait la cure de Blamont, voyant que le district ne tenait pas compte de ses dénonciations, s'adressa au département. Celui-ci excita d'abord les instincts belliqueux de ce *défroqué*, en décidant que la conduite de M. Binétruy était irrégulière et inconstitutionnelle.

Encouragé par ce premier succès, Leclerc s'empressa d'englober la municipalité dans une nouvelle dénonciation ; mais le département se vit obligé d'imposer silence à cet énergumène, en repoussant lui-même des accusations dont l'injustice était par trop manifeste. (V. Sauzay, t. I$^{er}$, p. 438).

Sous le coup de toutes ces accusations et de toutes ces attaques, M. Binétruy demeurait inébranlable et attendait tranquillement l'arrêt qui le condamnerait à la déportation.

Le 24 juillet 1792, le département écrivit au district de Saint-Hippolyte : « M. l'évêque ([1]) ayant choisi, pour « administrer la cure de Blamont, le sieur Tournoux, « ci-devant capucin, vous voudrez bien faire ordonner, « par la municipalité, au curé Binétruy de sortir du « presbytère dans vingt-quatre heures et du territoire « de la paroisse dans trois jours. » (Sauzay, t. I$^{er}$, p. 580).

Enfin, le 26 août de la même année 1792, un décret de déportation fut lancé contre M. Binétruy. A partir de ce jour-là, il n'est plus fait mention de lui dans les archives du pays.

([1]) C'était l'évêque intrus Seguin.

# CHAPITRE II

## FAMILLE DE CLAUDE-ANTOINE BINÉTRUY

Le frère de l'abbé Etienne-François, Claude-Antoine Binétruy, épousa le 23 décembre 1743, Anne-Marie Chevroulet, fille de Claude-François Chevroulet, cultivateur à Mouillevillers. (V. Reg. de catholicité de Charquemont).

D'après l'acte de mariage, Claude-Antoine avait, à ce moment-là, 28 ans, et son épouse en avait 20.

Ils restèrent pendant quelques années à Charquemont, où ils eurent cinq enfants; puis vinrent se fixer à Plaimbois-du-Miroir, où ils en eurent encore trois.

Voici les noms de ces enfants :

**BINÉTRUY**

MARIE-JOSÈPHE, née à Charquemont le 14 avril 1745.

MARIE-ANNE, née à Charquemont le 23 avril 1746.

MARIE-ANGÉLIQUE, née le 14 mai 1747.

CLAUDE-URSULE, née le 10 octobre 1748.

PIERRE-JOSEPH, né le 29 décembre 1751.

CHARLES-ANTOINE, né à Plaimbois le 21 octobre 1754.

FRANÇOIS-XAVIER, né le 10 juillet 1757.

MARIE-GENEVIÈVE, née le 1er avril 1760.

Nous n'avons pas d'autres renseignements sur Marie-Josèphe, Marie-Anne, Claude-Ursule et François-Xavier.

Toutefois, d'après le contrat de mariage (juillet 1787) de Marie-Angélique, où il est fait mention d'Anne-

Marie Chevroulet, veuve Binétruy, et de tous ses enfants vivants, on voit qu'à ce moment-là, François-Xavier était décédé.

Par contre, Marie-Josèphe, Marie-Anne et Claude-Ursule étaient célibataires et restaient encore, avec leur mère, aux Crets-Bernard (hameau du Plaimbois).

Nous allons dire un mot de chacun des autres enfants.

### § Ier

**Marie-Angélique Binétruy** épousa, au mois de juillet 1787, Pacifique Epenoy, du Narbief, et mourut, comme veuve, à Plaimbois du-Miroir, le 18 avril 1832.

(Voir son contrat de mariage, page 41).

### § II

**Pierre-Joseph Binétruy**, le cinquième des enfants de Claude-Antoine, fut obligé d'émigrer en Suisse à la suite de l'insurrection de la Petite-Vendée. (Sauzay, t. V, p. 664).

On sait que, fatigués des tracasseries dont ils étaient victimes de la part des Jacobins, les catholiques du canton du Russey s'étaient soulevés au commencement de septembre 1793.

Réunis au nombre d'un millier environ, ils campaient à Plaimbois-du-Miroir et délibéraient sur les moyens à employer pour défendre leur religion, leurs églises et leurs biens, quand ils apprirent qu'une troupe considérable de soldats et de patriotes armés se préparait à les cerner et à les écraser. Ils ne virent plus d'autre expédient que de se jeter du côté du Doubs et de traverser cette rivière pour trouver un asile en Suisse. Mais arrivés au Grand Communal de Bonnétage, le 7 septembre, ils rencontrèrent les troupes révolutionnaires. Un combat s'engagea. Les catholiques, sans chefs et presque sans armes, furent immédiatement dispersés. Une vingtaine d'entre eux furent tués; quelques-uns furent faits prisonniers ; les autres se sauvèrent en Suisse.

Pierre-Joseph Binétruy fut du nombre de ces derniers. Il rentra en France en vertu de la loi du 22 nivôse, an III (11 janvier 1795). (V. Archives de Plaimbois-du-Miroir).

Ne s'étant pas marié, il resta avec son frère Charles-Antoine, aux Crêts-Bernard, hameau du Plaimbois, où un papier de famille, du 27 avril 1818, nous les montre exploitant ensemble cette ferme. Il mourut le 8 décembre 1825, à l'âge de 74 ans.

### § III

**Charles-Antoine Binétruy.** — Nous parlerons de Charles-Antoine dans le chapitre suivant.

### § IV

**Marie-Geneviève Binétruy** épousa un nommé Joseph Rième ou Riemme. On trouve ce nom écrit tantôt d'une manière, tantôt de l'autre.

L'un de leurs enfants, Charles Rième (1780-1865), épousa Véronique Feuvrier, du Mémont, demeura pendant quelque temps à Montbéliardot, puis au Mémont, et enfin aux Guerrites (hameau du Luhier).

Charles Rième eut dix enfants, ce sont :

**RIÈME**

JOSÉPHINE, née en 1813 ;
VICTORINE, née en 1814 ;
CHARLES-ANTOINE, né en 1816 ;
JUSTINE, née en 1817 ;
ISIDORE, né en 1819 ;
JUDITH, née en 1821 ; .
JEAN-SYLVESTRE, né le 11 octobre 1822 ;
MARIE-CÉLESTINE, née le 17 novembre 1824 ;
MARIE-VIRGINIE, née le 24 mars 1826 ;
CYPRIEN - ZÉPHIRIN, né le 11 décembre 1827.

Nous n'avons que très peu de renseignements sur ces enfants Rième, sauf sur trois d'entre eux, Judith, Virginie et Zéphirin, les seuls que nous ayons connus personnellement.

VICTORINE est partie en Afrique, où elle est morte.

CHARLES-ANTOINE est resté célibataire, et est mort au pays.

JUSTINE a épousé un nommé Chevry, de Montécheroux ; elle a eu trois enfants, et est morte à Chamesol, vers 1855.

ISIDORE est mort à Saint-Louis (Martinique).

SYLVESTRE est mort à Sébastopol, dans la guerre de Crimée.

MARIE-CÉLESTINE est décédée au Mémont le 16 mai 1825, à l'âge de six mois.

JUDITH RIÈME épousa Joseph Monnin, et en eut deux enfants, MARIA et HIPPOLYTE, tous deux encore vivants et mariés dans le pays.

VIRGINIE RIÈME épousa, en 1846, Célestin Pagnot, de Bonnétage, lequel était né le 19 juillet 1817. Après être restés un certain temps à Bonnétage, ils vinrent se fixer au Luhier ; et c'est là que Célestin mourut en 1885, et Virginie en 1894. Ils ont eu six enfants, tous nés à Bonnétage. Ce sont :

|  |  |
|---|---|
| **PAGNOT** | ARSÈNE, né le 12 avril 1848 ;<br>MÉLINE, née le 16 octobre 1849 et décédée vers l'âge de 10 ans ;<br>MARIA, née le 10 mai 1855 ;<br>VICTORIN, né le 15 juillet 1857 ;<br>CÉCILE, née le 4 février 1860 ;<br>JULES, né le 5 avril 1863. |

Les cinq survivants, tous célibataires, habitent actuellement les Guerrites (hameau du Luhier), où ils exercent le métier de boisseliers.

ZÉPHIRIN RIÈME est resté célibataire. Il est mort à Besançon le 12 mars 1904.

# CHAPITRE III

## FAMILLE DE CHARLES-ANTOINE BINÉTRUY-RENAUD

Nous avons dit qu'à la suite de l'insurrection des catholiques des montagnes, Pierre-Joseph Binétruy avait émigré en Suisse. Son frère Charles-Antoine, qui était marié et père de famille, revint aux Crêts-Bernard. Mais, dénoncé bientôt après, comme ayant fait partie de l'insurrection, il fut du nombre de ceux qui furent traînés devant le tribunal révolutionnaire de Maîche, et qui passèrent en jugement le 14 octobre 1793. Quatorze de ses compagnons furent condamnés à mort ce jour-là et guillotinés immédiatement. Charles-Antoine put rentrer dans ses foyers, mais fut placé sous la surveillance du comité révolutionnaire du Luhier. (Voir Sauzay, t. IV, p. 457 et 669).

Ce Charles-Antoine (1) avait épousé, en 1778, Marie-Colette-Scolastique Renaud, du Plaimbois. De ce mariage naquirent, aux Crêts-Bernard, cinq enfants, savoir :

**BINÉTRUY**
> Pierre-Joseph-Melchior, née le 3 mars 1780 ;
>
> François-Xavier (2), né le 1er janvier 1784 ;
>
> Marie-Eléonore, née le 8 avril 1786 ;
>
> Charles-Antoine, né le 26 mars 1789 ;
>
> Marie-Anne-Elisabeth, née en 1792 et baptisée à Bonnétage, faute de prêtre à Plaimbois.

(1) Il est mort, à Plaimbois-du-Miroir, en 1834, à l'âge de 80 ans.

(2) Le parrain de François-Xavier, Victor Boillon, du Plaimbois, fut guillotiné à Maîche le 14 octobre 1793. (Archives du Plaimbois-du-Miroir, et Sauzay, t. IV, p. 754).

## § I<sup>er</sup>

PIERRE-JOSEPH-MELCHIOR BINÉTRUY épousa Dorothée
Boillon (1774-1854). Il n'eut qu'une enfant, MARIE-VIR-
GINIE BINÉTRUY, qui naquit le 26 décembre 1815, et qui
eut pour parrain et marraine son oncle Charles-Antoine
et sa tante Marie Anne-Elisabeth Binétruy.

Cette Marie-Virginie épousa, le 24 octobre 1837, Jean-
Flavien Guyot-Renaud, lequel était né le 28 pluviôse,
an IX (16 février 1800), et qui mourut le 26 octobre 1871.
Marie-Virginie lui survécut et mourut le 17 avril 1888.

De leur mariage naquirent six enfants :

GUYOT-RENAUD

CHARLES-CONSTANT, né le 8 novembre
1838 ;
CÉLESTINE - PHILOMÈNE, née le 25 sep-
tembre 1840 ;
JEAN-LOUIS, né le 4 août 1843 ;
LUCIEN, né le 12 novembre 1845 ;
JEAN-ALPHONSE, né le 1<sup>er</sup> décembre 1848 ;
CHARLES-ALFRED, né le 4 novembre 1851.

Charles-Constant mourut le 8 octobre 1854.

Jean-Louis mourut le 27 février 1871.

Lucien mourut le 7 novembre 1858.

Charles-Alfred mourut le 30 octobre 1870.

De sorte que de ces six enfants, il ne reste plus que
Célestine-Philomène et Jean-Alphonse.

Ce dernier a épousé Lucine Guillaume et a deux enfants. Il habite encore actuellement Plaimbois-du-Miroir.

Quant à Célestine-Philomène, elle a épousé. le 28 avril
1864, Jules Receveur, lequel était né le 26 février 1842.
De leur mariage sont nés sept enfants :

RECEVEUR

LUCIEN né le 1<sup>er</sup> septembre 1865 ;
MARIE, née le 30 juin 1867 ;
LAURE. née le 4 mars 1869 ;
THÉRÈSE, née le 2 janvier 1871 ;
HERMINIE, née le 1<sup>er</sup> décembre 1874 ;
LUCIE, née le 10 mars 1878 ;
CHARLES, né le 21 mai 1880.

Lucien a épousé, le 5 mai 1896, Marie Joliot; il a deux enfants, Léon et René Receveur, et il habite actuellement Plaimbois-du-Miroir.

Marie a épousé, le 26 avril 1898, Constant Laurent, de Belvoir, et habite actuellement Laviron. Elle a deux enfants, Rose et Madeleine Laurent.

Laure a épousé, le 5 août 1905, Honeste Perrin, des Fins, et habite actuellement les Frenelots, près de Morteau. Elle a un enfant, Edmond Perrin.

Thérèse a épousé, le 15 mai 1895, Gustave Bobillier, du Barboux, et habite actuellement les Lavottes (hameau des Fins). Elle a cinq enfants, Philomène, Georges, Jules, Charles et Paul Bobillier.

Quant à Herminie, Lucie et Charles, ils sont encore avec leurs parents aux Crêts-Bernard.

## § II

Qu'est devenu le second des enfants de Charles-Antoine, François-Xavier Binétruy? Nous ne le savons pas. Nous n'avons trouvé, dans les Archives de Plaimbois-du-Miroir, ni acte de mariage, ni acte de décès.

## § III

Marie-Eléonore, la troisième des enfants de Charles-Antoine Binétruy, épousa François-Joseph Tochot, cultivateur aux Petits-Bois-du-Russey, lequel était né en 1781.

De leur mariage naquirent cinq enfants, savoir:

**TOCHOT**
- Marie-Joséphine-Célestine, née le 21 décembre 1807;
- Marie-Victoire-Julienne, née le 5 avril 1810;
- Claude-Joseph-Zéphirin, né le 23 mars 1813;
- Eléonore-Virginie, née le 21 octobre 1815;
- Jean-Baptiste-Eugène, né le 21 juin 1818 et décédé le 27 septembre 1890.

Nous ignorons ce que sont devenues MARIE-JOSÉ-PHINE-CÉLESTINE et ELÉONORE-VIRGINIE.

I. MARIE-VICTOIRE-JULIENNE (1) épousa, le 29 avril 1834, Ferréol Tournier, du Russey. Elle en eut cinq enfants :

**TOURNIER**
- CAROLINE-CÉLESTINE, née le 26 décembre 1836 ;
- LUCIEN-AUGUSTIN, né le 27 juin 1839 ;
- AIMÉ-SÉVERIN, né le 28 mars 1842 ;
- MARIE-LAURENCE-ALEXINA, née le 20 octobre 1845 ;
- CONSTANT-ALFRED, né le 25 septembre 1855.

1° Caroline Tournier épousa, en 1862, Paul Clauder, du Russey, lequel était né en 1835, et qui mourut en 1898. Elle en eut six enfants : VIRGILE (1863), LAURE (1864), APOLLINE (1865), CÉCILE (1868) ELISE (1870) et ALFRED (1874).

Virgile Clauder a épousé Esther Hemler, et a cinq enfants. Il habite le Russey.

Apolline Clauder a épousé Auguste Cuenot.

Alfred Clauder a épousé Maria Boichard, et habite le Russey.

2° Lucien Tournier, le second des enfants de Ferréol, est mort à Morteau, il y a quelques années.

3° Aimé-Séverin Tournier était employé chez M. Feuvrier, banquier au Russey. Il fut assassiné le 16 mars 1875, dans les côtes de Plaimbois-du-Miroir.

4° Marie-Laurence-Alexina Tournier a épousé François Détouillon. Elle est veuve avec trois enfants, et habite les Prés-de-Vaux, près de Besançon.

5° Enfin, Constant-Alfred Tournier a épousé Constance Cattin. Tous deux sont morts, Constance au Russey, en 1883, et Alfred à Morteau, le 14 novembre 1901. Ils laissent deux filles, Laurence et Marie Tournier.

(1) Elle est décédée au Russey le 15 mars 1890

II. Claude-Joseph-Zéphirin Tochot était préposé des douanes à Damprichard, quand, en 1838, son cousin François-Xavier Binétruy, du Petit Communal de Bonnétage, fut désigné par le sort de la conscription, pour partir soldat. Il consentit à le remplacer moyennant la somme de 1.525 francs.

Quand il eut fini son congé, Zéphirin Tochot épousa, le 19 septembre 1846, Marie-Thérèse Dromard. Nous ignorons s'il eut des enfants. En tous cas, il mourut le 20 décembre 1852. (Archives du Russey).

### § IV

Nous parlerons, dans le chapitre suivant, de Charles-Antoine Binétruy, le quatrième des enfants de Charles-Antoine et de Marie-Colette Renaud.

### § V

Marie-Anne-Elisabeth Binétruy épousa, le 15 avril 1822, Urbain-Alexis Feuvrier, alors âgé de 43 ans, et cultivateur au Mémont.

Tous deux sont morts au Mémont, Alexis dans les années 1850 et Marie-Anne le 10 août 1861.

De leur mariage sont nés quatre enfants :

**FEUVRIER**
- Judith, née le 7 mars 1823 ;
- Prosper, né le 19 août 1825 ;
- Charles, né le 27 août 1828 ;
- Florian, né le 21 avril 1832.

I. Judith épousa Justin Jacquet, de la Bosse. Elle n'eut point d'enfants. Elle est morte le 21 juin 1885, au Pré-Méard (hameau de la Bosse).

II. Prosper épousa, le 23 juin 1864, Octavie Faivre, de Bonnétage. laquelle était née en 1838, et qui mourut en 1893. Prosper était mort à Besançon deux ans auparavant, en 1891.

De leur mariage sont nés, à Bonnétage, six enfants, savoir :

1° Maria Feuvrier, qui est née le 15 mars 1865, qui a

épousé Charles Paviet et qui a trois enfants, Marguerite, Auguste et Eugène Paviet.

2º ANTONINE FEUVRIER, qui est née le 23 juin 1868, qui a épousé Origène Gaume et qui a deux enfants : Marie et Bernadette Gaume.

3º LUCINE FEUVRIER, qui est née le 11 mai 1870 et qui est décédée le 10 mai 1871.

4º EUGÉNIE FEUVRIER, qui est née le 10 août 1872, et qui est décédée le 20 janvier 1873.

5º JOSEPH FEUVRIER, qui est né le 13 mars 1875, qui a épousé Eva Trémollet, et qui a deux enfants, Marie et Charles Feuvrier.

6º EUGÈNE FEUVRIER, qui est né le 23 octobre 1877, et qui est encore célibataire.

III. CHARLES, le troisième des enfants d'Alexis, est resté célibataire Il est mort aux Fontenelles en 1897.

IV. FLORIAN, le plus jeune des enfants d'Alexis, épousa, en 1859, Anaïse Vadam, des Guillemins (hameau du Bizot), laquelle était née en 1838, et qui mourut au Mémont, le 5 juin 1898.

De leur mariage sont nés, au Mémont, douze enfants, dont neuf vivent encore :

1º EUGÉNIE FEUVRIER, qui est née en 1859, qui a épousé Florian Monnot, du Bizot, et qui a sept enfants. Ils habitent actuellement Charquemont.

2º FRANÇOIS FEUVRIER, qui est né le 8 décembre 1861, qui a épousé, le 8 avril 1891, Héloïse Minguelle (1863), de Mont-de-Vougney, et qui a eu deux enfants, Henri et Louise Feuvrier. Ils habitent actuellement le Russey, à la tête d'un grand atelier de charronnage.

3º EMILE FEUVRIER, qui est né le 11 juin 1863, et qui est mort le 28 octobre 1863.

4º IRÈNE FEUVRIER, qui est née le 17 octobre 1864, qui a épousé Alfred Minguelle (1863), de Mont-de-Vougney, et qui a trois enfants, Madeleine, Cœcilia et Louis Minguelle. Ils habitent actuellement Pontarlier.

5º PAUL FEUVRIER, qui est né le 30 mars 1866, qui a

épousé Marie Tisserand, de Guyans-Vennes, et qui a trois enfants. Ils habitent actuellement Grand'Chaux, hameau de Guyans-Vennes.

6ᵃ Cécile Feuvrier. qui est née le 28 juillet 1867, qui a épousé Léon Boiteux, de Morteau, et qui a un enfant. Ils habitent Morteau.

7° Laure Feuvrier, qui est née le 28 septembre 1869, qui a épousé Lucien Parent, de Noël-Cerneux, et qui a quatre enfants. Ils habitent actuellement Pont-de-Roide.

8ᵃ Lucie Feuvrier, qui est née le 18 septembre 1871, qui a épousé Léon Rondot, de Charquemont, et qui a trois enfants Ils habitent actuellement Charquemont.

9° Emile Feuvrier, qui est né en 1872 et qui est mort un instant après sa naissance.

10° Lucine Feuvrier, qui est née le 19 avril 1874, qui a épousé Constant Labouille, des Fontenelles, et qui a trois enfants. Ils habitent actuellement Bonnétage.

11° Elise Feuvrier, qui est née le 3 mai 1876. Célibataire, elle habite le Mémont avec son père.

12° Aimé Feuvrier, qui est né le 7 juin 1879, et qui est mort le 26 septembre 1879.

# CHAPITRE IV

## FAMILLE DE CHARLES-ANTOINE BINÉTRUY-BOILLON

CHARLES-ANTOINE, quatrième enfant de Charles-Antoine Binétruy et de Marie-Colette Renaud, était cultivateur et charron tout à la fois. En 1816, il épousa Marie-Thérèse Boillon, du Petit-Communal de Bonnétage.

Cette Marie-Thérèse, née en 1789, comme Charles-Antoine, était la fille de Félix Boillon et de Marie-Christine Renaud.

Félix avait deux autres filles :

1° MARIE-FRANÇOISE BOILLON, qui épousa, en 1817, Jean Ignace-Ambroise Cachot, des Fourgs de Bonnétage, et qui mourut en 1848, sans laisser d'enfants.

2° ANNE-MARIE-ELÉONORE BOILLON, qui fut religieuse de la Charité et qui mourut, vers 1850, à Colombier (Haute-Saône).

En 1821, Félix Boillon, sentant sa fin prochaine, fit son testament. Il faisait une pension viagère à son épouse et lui laissait l'usufruit de tout son mobilier. Puis il partageait, entre ses trois filles, les terres qu'il possédait sur le territoire de Bonnétage. Enfin il dondait sa maison du Petit-Communal à ses deux filles mariées, Marie-Françoise, femme Cachot, et Marie-Thérèse, femme Binétruy. (Voir ce testament aux pièces justificatives, p. 42).

Félix Boillon mourut le 30 mai 1821.

Le 10 juillet suivant, Anne-Marie-Eléonore céda, par acte de vente, sa part d'héritage à sa sœur Marie-Thérèse, épouse de Charles-Antoine Binétruy. (Voir l'acte, p. 44).

Le 5 novembre de la même année 1821, Marie-Françoise, assistée de son époux Cachot, et Marie-Thérèse, assistée de son époux Binétruy, procédèrent au partage de la maison et des terres situées sur le territoire de Montbéliardot.

En 1826, Charles-Antoine Binétruy amodia sa ferme du Petit-Communal à son oncle par alliance, Pierre-Joseph Racine, qui avait épousé Marie-Thérèse Renaud, sœur de Marie-Colette Scholastique Renaud.

Mais en 1828, Pierre-Joseph Racine demanda la résiliation du bail et se retira, avec son épouse, aux Fourgs de Bonnétage.

C'est alors que Charles-Antoine Binétruy et Marie-Thérèse Boillon quittèrent les Crêts-Bernard pour venir s'installer dans leur maison du Petit-Communal.

Ambroise Cachot et son épouse, Marie-Françoise Boillon, étant morts tous deux en 1848, les époux Binétruy-Boillon héritèrent de leurs biens.

Charles-Antoine Binétruy mourut le 24 mars 1872, et sa femme Marie-Thérèse mourut le 9 août 1875.

Après leur mort, les enfants vendirent (25 septembre 1875) le domaine paternel pour s'en partager le produit.

Voyons maintenant quels furent les enfants des époux Binétruy-Boillon. Ils en eurent sept, dont six naquirent à Plaimbois-du-Miroir et un au Petit-Communal.

**BINÉTRUY**
FRANÇOIS-XAVIER, né le 5 septembre 1817 ;
MARIE-JUDITH, née le 2 juin 1819 ;
PHILIPPE-JOSEPH, né le 6 mars 1821 ;
JEAN-BAPTISTE, né le 1ᵉʳ novembre 1823 ;
TOBIE-AUGUSTE, né le 31 octobre 1825 ;
COLETTE-AUGUSTINE, née le 29 août 1827 ;
ALEXIS-PHILOMEN, né le 15 novembre 1832.

Deux de ces enfants moururent tout jeunes, Philippe-Joseph, le 5 avril 1822, et Jean-Baptiste, immédiatement après sa naissance. Nous allons consacrer un chapitre spécial à chacun des cinq autres.

# CHAPITRE V

## FRANÇOIS-XAVIER BINÉTRUY

FRANÇOIS-XAVIER BINÉTRUY, au tirage au sort, en 1838, avait eu un mauvais numéro et devait partir comme soldat. Son cousin, Zéphirin Tochot, consentit, comme nous l'avons vu, à partir à sa place moyennant la somme de 1.525 francs, qui lui fut versée par le père Charles-Antoine Binétruy.

Xavier, qui exerçait le métier de charron, épousa, le 1<sup>er</sup> septembre 1846, Marie-Victorine Pagnot, fille de Claude-François Pagnot, de Bonnétage, et s'installa au Russey. Il n'eut point d'enfants.

Son épouse, qui était née en 1818, mourut au Russey en 1887. Se voyant seul, Xavier partit pour Besançon, où il mourut en 1891, à l'âge de 74 ans.

# CHAPITRE VI

### MARIE-JUDITH BINÉTRUY

Tous les frères et sœurs de Judith s'étant mariés, elle restait seule à la maison avec le père et la mère Se voyant faible pour l'exploitation de la ferme du Petit-Communal, elle se décida à se marier aussi.

Le 14 avril 1863, à l'âge de 44 ans, elle épousa Eugène Maillot, qui en avait 57, puisqu'il était né en 18)6.

Après la mort de Charles-Antoine et de Marie-Thérèse, Judith et son mari quittèrent le Petit-Communal et se fixèrent au village de Bonnétage d'abord, puis au Grand-Pré (hameau de Bonnétage). C'est là qu'Eugène Maillot mourut le 3 mai 1889. Judith lui survécut de quelques années et mourut le 14 mars 1892 à Bonnétage.

# CHAPITRE VII

## TOBIE-AUGUSTE BINÉTRUY

**Tobie Binétruy**, qui exerçait le métier de charron, épousa, en 1858, Hortense-Célina Grillot, fille de Joseph Grillot et de Reine-Victorine Etevenard, de Saint-Julien, laquelle Hortense était née le 7 février 1833. Il s'installa aux Fontenelles où il exerça son métier tout en exploitant un petit train de culture.

C'est là qu'ils ont passé tout le reste de leur vie. Tobie est mort le 1ᵉʳ février 1894, à l'âge de 69 ans, et Hortense sa femme, le 7 octobre 1901, à l'âge de 68 ans.

Ils ont eu neuf enfants, tous nés aux Fontenelles. Ce sont :

**BINÉTRUY**

THÉRÈSE, née le 11 janvier 1859 ;

EMMA, née le 19 février 1860 ;

HONESTE, né le 9 octobre 1861 et décédé le 15 février 1871 ;

CONSTANT, né le 14 octobre 1863 ;

PHILOMÈNE, née le 30 septembre 1865 ;

JOSEPH, né le 15 janvier 1868, et décédé le 4 mai 1869 ;

AUGUSTIN, né le 2 septembre 1870, et décédé le 10 juin 1871 ;

LÉON, né le 8 août 1873, et décédé le 25 janvier 1875 ;

HONESTE, né le 10 janvier 1876.

### § Iᵉʳ

THÉRÈSE BINÉTRUY épousa, en 1880, Marcelin Choulet, de Saint-Julien, lequel est né en 1840. « Mécanicien de son état », Marcelin est à la tête d'une usine assez importante sise au « Creux de Saint-Julien ».

De leur mariage sont nés dix-huit enfants, dont onze sont encore en vie :

1° Augustin Choulet, né le 19 janvier 1881 ;

2° Jeanne Choulet, née le 30 décembre 1882 ;

3° Léon Choulet, né le 22 décembre 1883 ;

4° Victorin Choulet, né le 31 mars 1885, et décédé le 5 juillet 1897 ;

5° Berthe Choulet, née le 27 décembre 1886, et décédée le 17 avril 1897 ;

6° Caroline Choulet, née le 20 novembre 1887 ;

7° Albert Choulet. né le 14 août 1888 ;

8° Charles Choulet, né le 4 octobre 1889 ;

9° Célestine Choulet, née le 7 janvier 1891 ;

10° Paul Choulet, né le 7 janvier 1891, et décédé le 30 septembre 1891 ;

11° Germaine Choulet, née le 29 janvier 1892 ;

12° Paul Choulet, né le 16 février 1893, et décédé le 2 avril 1893 ;

13° Hélène Choulet, née le 20 juin 1894, et décédée le 6 juin 1897 ;

14° Ulysse Choulet, né le 22 février 1896 ;

15° Berthe Choulet, née le 16 juillet 1898 ;

16° Honeste Choulet, né le 18 mai 1900 ;

17° Maurice Choulet, né le 29 juin 1901, et décédé le 15 septembre 1901 ;

18° Alix Choulet, né le 29 juin 1901, et décédé le 13 septembre 1901.

§ II

Emma Binétruy a épousé, le 3 juillet 1886. Jules-Auguste Garessus, lequel est né à Frambouhans le 16 septembre 1857. Ils habitent actuellement les Fontenelles. De leur mariage sont nés trois enfants :

1° Gaston-Jules-Auguste Garessus, né le 24 juin 1887 ;

2° Camille-Auguste-Arthur Garessus, né le 27 juillet 1888 ;

3° Marguerite-Anne-Marie Garessus, née le 10 avril 1890.

### § III

Constant Binétruy est encore célibataire, et habite les Fontenelles où il exerce le métier de charron.

### § IV

Philomène Binétruy épousa d'abord, le 12 mai 1892, François Mourand, et en eut trois enfants :

1° Marie-Anne-Hortensia Mourand, née le 11 octobre 1892 ;

2° Esther-Marie-Cécile Mourand, née le 4 avril 1894;

3° Marie-Anne-Olivia Mourand, née le 3 mai 1896.

Devenue veuve, Philomène épousa en secondes noces, le 25 mai 1900, Gustave Meyer, lequel est né à Besançon le 18 janvier 1868. Ils habitent actuellement Bonnétage.

De leur mariage, sont nés deux enfants :

1° Georgette-Marie Anne Meyer, née le 21 avril 1901 ;

2° Gaston-Constant-Louis Meyer, né le 21 avril 1904.

### § V

Honeste Binétruy a épousé, le 31 août 1898, Marie-Madeleine Mougin, née à Charquemont le 28 avril 1868. Ils exercent le métier d'horlogers et habitent les Bréseux.

De leur mariage sont nés six enfants :

1° Emile-Joseph-Augustin Binétruy, né le 12 septembre 1899, et décédé le 12 octobre 1899.

2° Georges-Marcelin Binétruy. né le 19 octobre 1900, et décédé le 3 janvier 1901.

3° Thérèse-Angèle-Honorine Binétruy, née le 13 décembre 1901.

4° Paul-Charles-Ferréol Binétruy, né le 4 novembre 1902.

5° Eugène-Georges Binétruy, né le 31 août 1904.

6° Jean-Augustin Binétruy, né le 12 juin 1906.

# CHAPITRE VIII



## COLETTE-AUGUSTINE BINÉTRUY

Colette Binétruy épousa, le 28 août 1855, Charles Binétruy, de Mont-de-Laval.

Le 11 avril 1826, un nommé Ferréol Binétruy, fils de François-Joseph Binétruy, de Villers-le-Lac, et de feue Marie-Françoise Billod-Girard, et alors gendarme à Besançon épousait, à Bonnétage, Marie-Etiennette Cour. Il avait, en ce moment-là, 38 ans. (Voir acte de mariage, archives de Bonnétage).

Ce fut le second de ses enfants (1). Charles Binétruy, né en 1829, et mort en 1892, qui épousa Collette Binétruy Ils habitèrent d'abord Mont-de-Laval, où ils eurent neuf enfants ; puis se fixèrent successivement à Plaimbois-du-Miroir, à la Rochotte de Rosureux et au Bas-des-Prés de Guyans-Vennes.

Après la mort de son mari, Colette est retournée à Mont-de-Laval, où elle est encore actuellement.

Voici les noms de ses enfants :

**BINÉTRUY**
- MARIA, née le 17 août 1856 ;
- EUGÈNE, né le 3 octobre 1857, et décédé en 1894 ;
- FERRÉOL, né le 26 janvier 1859, et décédé le 17 mars 1859 :
- CONSTANT, né le 31 janvier 1860 ;
- FERRÉOLINE, née le 8 août 1861 ;
- PHILOMÈNE, née le 30 novembre 1862 ;
- THÉRÈSE, née le 18 mars 1864 ;
- ELISA, née le 23 novembre 1865 ;
- LOUISE, née le 20 juin 1867.

(1) Les enfants de Ferréol furent : Adolphe, Charles et Eugène.

Des sept qui sont encore vivants, Elisa seule est restée célibataire. Elle habite Mont-de-Laval avec sa mère.

## § I<sup>er</sup>

MARIA BINÉTRUY, a épousé, en 1880, Félicien Tirole, de Loray, lequel remplit actuellement encore les fonctions de facteur des postes à Villers-le-Lac. De leur mariage sont nés cinq enfants :

1° LOUISE TIROLE, née en 1881, et décédée ;
2° LOUISE TIROLE, née en 1883, et décédée ;
3° PAUL TIROLE, né en 1885 ;
4° LOUIS TIROLE, né en 1886 ;
5° MARIE TIROLE, née en 1888. (1)

## § II

CONSTANT BINÉTRUY, pendant son congé militaire à Auxerre (Yonne), fit la connaissance de Virginie Marcou, fille de Joseph Marcou et de Léonie Leplat, de Coulanges-la-Vineuse, laquelle Virginie était née le 25 avril 1865. Il l'épousa le 9 mars 1886. Il habitent actuellement Adon, près de Bussière (Loiret).

Ils ont eu trois enfants :

1° PAUL BINÉTRUY, né le 21 octobre 1888 et décédé le 31 octobre 1889 ;
2° CHARLES BINÉTRUY, né le 21 avril 1894 ;
3° JULIETTE BINÉTRUY, née le 7 septembre 1899.

## § III

FERRÉOLINE BINÉTRUY a épousé, en 1895, Constant Trimaille, fils d'Albin Trimaille et de Marie Dard, du Bizot, lequel Constant est né le 17 août 1867. Ils habitent actuellement Morteau.

De leur mariage ils ont eu quatre enfants, dont un seul est encore en vie :

(1) Nous ne répondons pas de l'exactitude des dates précédentes, parce que Félicien Tirole n'a pas daigné répondre à nos demandes de renseignements.

1° Charles-Emile Trimaille, né le 8 octobre 1896, et décédé le 10 octobre 1896 ;

2° Marie-Louise-Madeleine Trimaille, née le 19 janvier 1898. et décédée le 7 septembre 1898.

3° Georges-René Trimaille, né le 28 janvier 1900, et décédé le 22 octobre 1900.

4° André-Gaston-Jules Trimaille, né le 7 novembre 1902.

### § IV

Philomène Binétruy a épousé, en 1892, Gustave Courieux, de Coulanges-la-Vineuse (Yonne), où ils sont actuellement.

Ils ont eu deux enfants :

1° Charles Courieux, né en 1893, et décédé ;

2° Andréa Courieux, née en 1896,       id.

### § V

Thérèse Binétruy a épousé, le 12 février 1885, Urbain Jacquin, fils de Séraphin Jacquin et de Julie Bouhélier, lequel Urbain est né à la Chenalotte le 25 mai 1860 Ils sont cultivateurs et habitent actuellement Laval.

De leur mariage sont nés onze enfants :

1° Just Jacquin, né le 2 août 1885 ;

2° Emile Jacquin, né le 16 novembre 1886 ;

3° Cécile Jacquin, née le 27 août 1888 ;

4° Constant Jacquin, né le 27 novembre 1890 ;

5° Marie Jacquin, née le 15 février 1893 ;

6° Charles Jacquin, né le 24 mai 1895 ;

7° Paul Jacquin, né le 14 avril 1897, et décédé le 16 mars 1898 ;

8° Suzanne Jacquin, née le 5 juillet 1900 ;

9° Aline Jacquin, née le 3 février 1901 ;

10° Simonne Jacquin, née le 1er novembre 1902 ;

11° Paul Jacquin, né le 22 août 1904.

### § VI

Louise Binétruy a épousé, le 23 novembre 1893,

Charles-Jules Chopard (1), du Russey, lequel est né le 4 novembre 1868. Après avoir habité pendant quelques temps le Mont-de-Pré (hameau du Russey), ils habitent actuellement Saint Julien-les-Russey. où ils exercent la culture (depuis l'an 1900).

De leur mariage sont nés huit enfants :

1° HENRI CHOPARD, né le 25 mars 1894 ;

2° LOUIS CHOPARD, né le 1er août 1895 ;

3° ANGÈLE CHOPARD, né le 15 avril 1897 ;

4° GERMAINE CHOPARD, née le 12 janvier 1898, et décédée le lendemain ;

5° MADELEINE CHOPARD, née le 24 mai 1900;

6° MARC CHOPARD, né le 3 septembre 1901 ;

7° GASTON CHOPARD, né le 23 août 1902, et décédé le 12 janvier 1903 ;

8° MARIE-LÉA CHOPARD, née le 11 novembre 1903.

(1) Fils de Gustave Chopard et d'Alvina Prétre.

# CHAPITRE IX

## ALEXIS-PHILOMEN BINÉTRUY

**Philomen Binétruy**, le dernier des enfants de Charles-Antoine, épousa, le 20 septembre 1855, Joséphine Chevalier, fille de Jean-Baptiste Chevalier, de Rosières, et de feue Jeannette Fallot, laquelle Joséphine était alors domiciliée, comme tailleuse d'habits, au Petit-Communal de Bonnétage.

De leur mariage naquirent trois enfants, à Montbéliardot, où ils s'étaient installés :

1° Léon-Joseph Binétruy, né le 17 septembre 1856, et décédé le même jour ;

2° Charles-Xavier Binétruy, né le 15 novembre 1857 ;

3° Lucine-Valéria Binétruy, née le 15 septembre 1859, et décédée le 24 octobre 1859.

Joséphine Chevalier étant morte le 24 septembre 1859, Philomen Binétruy épousa, en secondes noces, le 4 septembre 1860, Marie Lucine Fallot, fille de François Fallot et de Judith Châlon, de Saint-Hippolyte.

Ce François Fallot était né à Saint-Hippolyte, en 1815, de Prosper Fallot et de Marie-Josephte Robert. Il épousa, en 1836, Judith Châlon (1811-1870), de Saint-Julien-les-Russey, et en eut sept enfants :

FALLOT
- Lucine, née le 29 juillet 1837 ;
- Adèle, née le 28 mai 1840 ;
- Félicie, née le 13 avril 1843 ;
- Joséphine, née le 27 février 1846 ;
- Augustine, née le 15 mai 1848 ;
- Charles, né le 3 novembre 1851 ;
- Marie, née le 26 mai 1855.

Après la mort de son épouse, en 1870, François Fallot, se voyant seul, épousa, en secondes noces, Jeanne Valey, de Cheveney (Suisse). Enfin, il mourut à Besançon en 1879.

Ce fut l'aînée de ses filles, Lucine, qui épousa Philomen Binétruy. De ce mariage sont nés onze enfants :

**BINÉTRUY**

Marie-Esther. née à Montbéliardot le 13 novembre 1861, et décédée à Bonnétage le 11 juillet 1862 ;

Paul-Henri, né à Bonnétage, le 21 octobre 1863 ;

Maria - Philomène - Constance, née à Bonnétage, le 2 novembre 1865, et décédée le 15 mai 1882, au Mémont ;

Marie-Adèle-Aline, née au Mémont le 2 février 1867 ;

Eugène-Constant-Emile, né au Mémont le 5 septembre 1868 ;

Aimé-Camille-Constant, né au Mémont le 22 décembre 1869 ;

Philomène-Marie-Hermance, née au Mémont le 12 juillet 1871 ;

Auguste, né au Mémont le 14 juin 1873, et décédé le même jour ;

Pierre-Alexis-Edmond, né au Mémont le 22 octobre 1874 ;

Stéphane-Pierre, né au Mémont le 16 juin 1876, et décédé le 24 juin 1883 ;

Anne-Marie - Marguerite, née au Mémont le 10 août 1878.

Philomen Binétruy et son épouse sont restés d'abord quatre ans aux Fourgs de Bonnétage. Puis, au 25 mars 1866, ils se sont installés à la Seignotte (ferme du Mémont), et c'est là qu'ils ont élevé toute leur famille. Le 25 mars 1901, se voyant seuls, ils ont quitté la ferme qui les avait abrités pendant trente-cinq ans et se sont retirés auprès de leur fils, l'abbé Paul Binétruy. curé à Glamondans. C'est là qu'ils sont encore actuellement.

### § I<sup>er</sup>

CHARLES BINÉTRUY, le seul survivant des enfants de Philomen et de Joséphine Chevalier, a épousé, le 16 avril 1890, Esther Arnoux, fille de Charles Arnoux et de Henriette Bouverot, de Trévillers. laquelle Esther est née à Trévillers le 10 décembre 1864.

Depuis leur mariage, ils sont toujours restés à Trévillers. Ils ont sept enfants :

1° ARTHUR BINÉTRUY, né le 6 février 1891 ;

2° PAUL BINÉTRUY, né le 12 octobre 1892 ;

3° JEANNE BINÉTRUY, né le 15 octobre 1893 ;

4° BERTHE BINÉTRUY, née le 23 octobre 1894 ;

5° HENRI BINÉTRUY, né le 7 août 1897 ;

6° ALBERT BINÉTRUY, né le 28 avril 1902 ;

7° MADELEINE BINÉTRUY, née le 26 octobre 1903.

### § II

PAUL BINÉTRUY est entré au Séminaire de Consolation le 4 novembre 1879, au Séminaire de philosophie, à Vesoul, le 23 octobre 1884 et au grand Séminaire de Besançon le 22 octobre 1886. Il revêtit la soutane le 27 mars 1887, reçut la tonsure le 17 mars 1888 et les ordres mineurs le 29 juillet 1888. Il fut ordonné sous-diacre le 4 août 1889, diacre le 21 décembre 1889 et prêtre le 3 août 1890.

Après avoir été, pendant deux ans, professeur au petit Séminaire de Consolation, il fut nommé, le 1<sup>er</sup> septembre 1892, vicaire à Grandvillars, où il exerça le saint ministère sous la paternelle direction du chanoine Girard, qui vient de mourir le 19 septembre 1906.

Le 10 août 1897, il fut nommé curé de By ; mais sur ses instances, Mgr l'archevêque lui permit de reprendre du vicariat pendant un an encore. C'est alors qu'il fut envoyé à Port-sur-Saône, où il cumula les fonctions de vicaire avec celles d'administrateur de Chaux-les-Port. Enfin, le 15 juillet 1898, il fut nommé curé de Glamondans ; et c'est là qu'il est actuellement avec son père, sa mère et sa sœur Hermance.

### § III

ALINE BINÉTRUY est entrée au couvent des Sœurs de la Charité de Besançon le 24 avril 1888, a reçu le nom de sœur Marie-Euphrosine, a été envoyée, le 25 juillet 1889, à l'hôpital de Baume-les-Dames ; puis, le 15 février 1896, à l'hospice départemental de Dijon (Côte-d'Or), où elle remplit, actuellement encore, les fonctions de directrice de la cuisine.

### § IV

EMILE BINÉTRUY a épousé, le 30 juin 1897, Cécile Compagne, fille de Charles Compagne et de Célina Guérinet, laquelle Cécile est née à Chaillexon (commune de Villers-le-Lac), le 6 avril 1875. Ils habitent le Mémont (1).

Ils ont eu jusqu'ici six enfants, tous nés au Mémont, savoir :

1° MARIE-ANNE-ALINE BINÉTRUY, née le 8 septembre 1898 ;

2° PAUL-HENRI-MARIE BINÉTRUY, né le 3 décembre 1899 ;

3" HENRI-MARIE-JOSEPH BINÉTRUY, né le 24 novembre 1901 ;

4° MARTHE BINÉTRUY, née le 15 décembre 1903, et décédée le même jour ;

5° LÉON BINÉTRUY, né le 5 février 1904, et décédé le même jour ;

6° MARIE-CELINA-ADELINE BINÉTRUY, née le 8 mars 1906.

7°..................................................................................................

-----

(1) A partir du 25 mars 1907, ils habiteront le Pissoux (section de Villers-le-Lac),

8° ......................................................................................................................

9° ......................................................................................................................

10° ....................................................................................................................

### § V

Aimé Binétruy a épousé, le 15 février 1896, Adeline Doyennard, fille de Constant Doyennard et d'Adelphine Roussey, de Vincent (Jura), laquelle Adeline est née à Arley, le 8 septembre 1866.

Etablis d'abord au Russey comme négociants, ils sont allés, le 1er avril 1901, s'installer à Besançon, et c'est là qu'ils sont actuellement (105, rue de Belfort).

De leur mariage sont nés trois enfants :

1° Madeleine Binétruy, née au Russey au mois d'octobre 1897, et décédée le même jour ;

2° Louis Binétruy, né au Russey, le 27 mai 1899 ;

3° Paul Binétruy, né à Besançon le 13 septembre 1902.

### § VI

Hermance Binétruy est célibataire et habite la cure de Glamondans.

### § VII

Edmond Binétruy a épousé, le 31 décembre 1900, Eugénie Ecarotte, fille de Félicien Ecarotte, sous-officier de gendarmerie en retraite à Baume-les-Dames, et de Joséphine Boillon, laquelle Eugénie est née, à Maîche, le 21 janvier 1875.

D'abord à Loray comme boulanger, Edmond Binétruy alla, en 1901, s'installer à Besançon, où il ne resta qu'un an. En 1902, ayant été agréé comme comptable à la Grâce-Dieu, il fixa son domicile à Chaux-les-Passavant. Enfin, depuis le 25 mars 1906, il habite Pierrefontaine-les-Varans où, tout en conservant la représentation des Grands Moulins de la Grâce-Dieu, il fait le commerce des vins.

De son mariage sont nés jusqu'ici quatre enfants :

1º René-Alexandre Binétruy, né à Besançon le 24 janvier 1902 ;

2º Jeanne-Marie Binétruy, née à Chaux-les-Passavant, le 5 janvier 1903 ;

3º Philomen-Pierre Binétruy, né à Chaux-les-Passavant, le 12 août 1904 ;

4º Henri-Paul Binétruy, né à Pierrefontaine, le 9 juillet 1906.

5º .............................................................................................................

6º .............................................................................................................

7º .............................................................................................................

8º .............................................................................................................

9º .............................................................................................................

## § VIII

Marguerite Binétruy a épousé, le 12 février 1901, Jules-Léon Brisebard, fils de Charles Brisebard et de Couronnée Rondot, du Narbief, lequel Léon Jules est né le 11 avril 1867.

Depuis leur mariage, ils habitent la ferme du Coin-du-Bois (commune du Narbief), qu'ils exploitent de concert avec Henri Brisebard, frère de Léon.

Jusqu'ici, Léon Brisebard a eu cinq enfants, tous nés au Narbief :

1º Marie-Philomène-Elisabeth Brisebard, née le 2 mars 1902 ;

2º Thérèse-Marie-Lucine Brisebard, née le 23 mars 1903 ;

3º Paul-Charles-Marie-Bernard Brisebard, né le 8 mai 1904 ;

4º Henri-Marie-Joseph Brisebard, né le 9 mai 1905 ;

5º Charles-Aimé Brisebard. né le 21 avril 1906, et décédé le même jour.

6º .............................................................................................................

7º .............................................................................................................

8º .............................................................................................................

9º .............................................................................................................

# PIÈCES JUSTIFICATIVES

## Contrat de mariage
## de Pacifique Epenoy et Marie-Angélique Binétruy

« Par devant l'avocat en Parlement, notaire royal à Bonnétage, et les témoins soussignés,

« Furent présents PACIFIQUE, fils de furent Jean-Ignace
EPENOY et d'Agnès-Gabrielle PETIT-MARÉCHAL, résidant au
Narbief, d'une part ;

« Et Marie-Angélique BINÉTRUY, fille majeure de fut
Claude-Antoine BINÉTRUY, et d'Anne-Marie CHEVROULET, cette
dernière aussi présente et consentante, ladite BINÉTRUY, jour-
nalière, demeurante aux Crots-Bernard, d'autre part ;

« Lesquelles parties, pour parvenir au mariage proposé
entre eux, ont traité, convenu et stipulé ce qui suit :

Ici le détail des biens et du trousseau que possédaient
les futurs époux. Par ce contrat, ils se donnaient mutuel-
lement ce qu'ils avaient au dernier survivant. L'acte
continue :

« Lad. Chevroulet a par cettes institué ses héritières con-
tractuelles et particulières Marie-Josephe, Marie-Anne et
Claude-Ursule Binétruy, ses trois filles journalières, et la
future épouse, et chacune d'elles dans les trousseaux qu'elle
leur a ci-devant délivrés en avancement d'hoirie, lesquels
elle a estimés à trente livres par chacun desdits trousseaux
par elle livrés à ses filles ; moyennant quoi elle les estime
suffisamment apportionnées dans sesd. biens, les instituant
seulement en la portion légitimaire qui peut leur revenir
dans sesd. biens en cas qu'elles vinssent à prétendre d'avan-
tage dans iceux.

« Est aussi comparu Charles-Antoine Binétruy, demeurant aux Crots Bernard, tant en son nom qu'en celui de

Pierre-Joseph Binétruy, son frère communier, lequel, sous les clause, solidaire et renonciations çy-après, a créé et constitué par cettes au profit de lad. Chevroulet, sa mère, stipulante et acceptante, une pension annuelle et viagère consistante en douze quartes d'orge et orgie, douze livres de beurre et douze livres de lard, six livres de chandelles et une paire de souliers, le tout payable et livrable au domicile de cette dernière et à elle sans requérir, aux peines de droit, à chaque jour onze novembre annuellement.... Et à défaut de paiement, ou si lad. Chevroulet juge à propos, lad. Chevroulet sera nourrie et entretenue de toutes choses nécessaires à la vie aux frais de sesd. fils et avec eux ; moyennant laquelle pension lad. Chevroulet a quitté, déchargé et entièrement allibéré sesd. fils de la restitution et du payement de tous et quelconques ses droits matrimoniaux et des profits qu'elle peut avoir faits dans la communion d'entr'elle et sesd. enfants, à laquelle communion elle renonce dès le présent jour, la déclarant dissoute ; moyennant quoi elle institue lesd. Binétruy, ses fils, ses héritiers universels...»

Cette pièce est datée du 25 juillet 1787 et signée par Pacifique Epenoy, Charles-Antoine Binétruy, Pierre-Félix Cachot et Pierre-Antoine Petite, témoins requis, et enfin par Jérôme-Ambroise Receveur, notaire royal à Bonnétage.

---

### Testament de Félix Boillon

« LOUIS, par la grâce de Dieu, roi de France et de Navarre, à tous ceux qui ces présentes verront, faisons savoir que :

« Moi Félix Boillon, propriétaire, cultivateur demeurant au Petit-Communal, commune de Bonnétage, j'ai fait le présent testament public que j'ai dicté au notaire soussigné, en présence des témoins ci-après nommés, ainsi qu'il suit :

« Il sera célébré pour le repos de mon âme trois grand-messes à mon enterrement, trois autres à mon quarantal et trois à l'anniversaire de mon décès, plus cinquante messes à basse voix dans l'année qui suivra ma mort.

« Je donne et lègue à chacune des églises de Bonnétage et du Luhier la somme de six francs payable de suite après ma mort, pour être recommandé aux prières publiques desdites deux paroisses.

« Je lègue à chacun de mes filleuls et filleules de baptême la somme de trois francs payable de suite après mon décès.

« Je lègue à Marie-Christine Renaud, mon épouse, l'usufruit, pendant sa vie, du mobilier en général que je délaisserai, et la dispense de fournir caution et de faire inventaire en raison de cet usufruit Je lui lègue de plus la pension annuelle et viagère de la somme de cent francs qui lui sera payée, chaque année de jouissance, par mes héritiers et par égales parts entre eux...

« Voulant user de la faculté accordée aux père et mère, par les art. 1075 et 1076 du Code civil, pour partager entre mes enfants, une portion de mes biens immeubles, c.-à.-d. ceux situés sur la commune de Bonnétage, sans y comprendre les maison, jardin et aisances en dépendant ; lesquels ne consistent plus que dans trois pièces de terres de nature labourable, que j'estime être de la même valeur, quoi qu'il y ait quelque légère différence dans la contenance ; j'en ai fait le partage et la distribution entre mes trois enfants, ainsi qu'il suit :

« Je donne et lègue à Marie-Françoise Boillon, ma fille, femme de Jean-Ignace-Ambroise Cachot, la pièce de terre dite « le Clos sous la maison », contenant environ un journal et demi (ancienne mesure). ou cinquante-deux ares, touchant de bise le communal, et de vent mes terres situées sur Montbéliardot.

« Je donne et lègue à Marie-Thérèse Boillon, femme de Charles-Antoine Binétruy, la pièce de terre dite « le Clos Richard » près chez Guyot, contenant environ soixante-cinq ares.,

« Enfin je donne et lègue à Anne-Marie-Eléonore Boillon, mon autre fille, sœur de la Charité, demeurant dans le département de la Haute-Saône, la pièce de terre appelée « la Combe-du-Tour », contenant environ cinquante ares...

« Je donne et lègue par préciput et hors part aux dites Marie-Françoise Boillon, femme Cachot, et Marie-Thérèse Boillon, femme Binétruy, mes deux filles, la maison que j'habite et possède au Petit-Communal de Bonnétage, ensemble les jardin, aisances, fontaine, bâtiment et accessoires en dépendant, telle qu'elle existe et se comporfe, à prendre et prélever par mesdites deux filles, avant tout partage, pour en jouir indivisément ou se la partager comme elles jugeront convenir, à charge par elles de supporter l'usufruit ou droit d'habitation accordé à mon épouse par contrat de mariage. Le surplus de tous mesdits biens sera partagé par égales parts entre mes trois filles, qui supporteront aussi par égales parts toutes les dettes et charges de ma succession. »

Ce testament est daté du 22 mars 1821, et signé d'Alexis Singier, notaire royal, à la résidence du Russey, et des quatre témoins requis, Joseph Cagnon, Joseph Bersot, François-Xavier Guyot et Julien Chrisostome Humbert.

## Vente de droits successifs

« Par devant François-Alexis Singier, notaire royal à la résidence du Russey, (Doubs).

« Fut présente demoiselle Anne-Marie-Eléonore Boillon, fille majeure, institutrice, demeurant à Colombiers, arrondissement de Vesoul, département de la Haute-Saône.

« Laquelle a, par les présentes, vendu, cédé et transmis pour toujours et en toute propriété, sous promesse de la garantie tant de fait que de droit, au sieur Charles-Antoine Binétruy, cultivateur demeurant aux Creux-Bernard, commune du Plaimbois-du-Miroir, et à Marie-Thérèse Boillon, son épouse de lui autorisée, les deux ici présents, stipulants et acquéreurs : 1º une pièce de terre de nature labourable, appelée « la Combe-du-Tour », située sur le territoire de la commune de Bonnétage, contenant environ cinquante ares, touchant de nord François-Xavier Guyot, et de midi Ignace Monnot des Guyenots ; telle ladite pièce de terre qu'elle est échue à la venderesse par le testament du sieur Félix Boillon, son père...

2º Enfin tous les droits, actions et prétentions qui peuvent compéter et appartenir à ladite demoiselle Anne-Marie-Eléonore Boillon, venderesse, dans sa succession mobilière et immobilière dudit fut Félix Boillon, père et beau-père des parties...

« La présente vente des droits successifs a été faite et consentie pour le prix de mille francs, que les acquéreurs s'obligent solidairement de payer à la venderesse, entre les mains de M. Pion, ex-percepteur, demeurant au Plaimbois-du-Miroir, chargé de la recevoir et d'en donner quittance... »

Cet acte est daté du 10 juillet 1821.

# TABLE DES MATIÈRES